智元微库
OPEN MIND

成长也是一种美好

品牌共创

新一代品牌传播与建设
新工作方式

胡传建 ／ 著

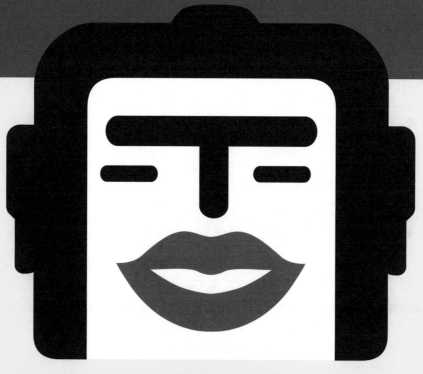

人民邮电出版社
北京

图书在版编目（CIP）数据

品牌共创：新一代品牌传播与建设新工作方式 / 胡
传建 著. -- 北京 : 人民邮电出版社，2024.4（2024.5重印）
ISBN 978-7-115-63911-0

Ⅰ. ①品… Ⅱ. ①胡… Ⅲ. ①品牌战略—研究 Ⅳ.
①F273.2

中国国家版本馆CIP数据核字(2024)第034973号

本书图片版权归亚洲吃面公司所有。

◆ 著　胡传建
　　责任编辑　王铎霖
　　责任印制　周昇亮
◆ 人民邮电出版社出版发行　　北京市丰台区成寿寺路 11 号
　　邮编 100164　电子邮件 315@ptpress.com.cn
　　网址 https://www.ptpress.com.cn
　　天津裕同印刷有限公司印刷
◆ 开本：800×1000　1/16
　　印张：23　　　　　　　　　　2024 年 4 月第 1 版
　　字数：525 千字　　　　　　　2024 年 5 月天津第 2 次印刷

定　价：169.80 元（附小册子）
读者服务热线：（010）67630125　印装质量热线：（010）81055316
反盗版热线：（010）81055315
广告经营许可证：京东市监广登字 20170147 号

辛苦的不是工作
是工作方式

PREFACE
前言

启示：对组织迭代的反思

就业阶段：做好工作这一件"事"

对刚入行的我来说，设计师是一份神圣的职业。我觉得它很时髦、很高大，甚至找到主管说，想印一盒名片。但是主管说，印名片对你的工作没有丝毫帮助；设计师是一份工作，能让你交房租、吃饭，仅此而已。

人在就业阶段，只要做完工作，就能领工资，所以有些人认为工作做好或者没做好都不关自己的事，那是公司领导的事。现在看来，如果新人能在工作之余确定自己的职业发展方向，那么他就比许多职场人好得多。

职业阶段：分辨"是"非

工作了两三年后，我有了自己的名片，也能把上级交办的事情做好，但是总觉得还不够。我对自己有了更高的要求，我想做高级设计师甚至设计总监。我买各种资料，请教高级设计师、主管，想尽办法提升设计能力。当时我的工资只有 2000 元，我就花了 1000 元买书和年鉴，请能力比我强的设计师吃饭，找机会向他们学习，每个月算下来倒欠两三千元。虽然花费这么多，但我觉得这样才能对得起这份职业。

在职业阶段，我找到了想深耕的领域，提高了判断与决策能力：事情这样做对不对？事有轻重缓急，哪个先做，哪个后做，哪个需要分配给其他人做？

事业阶段：教授他人工作方"式"

我进入了管理层。管理层看上去比执行层光鲜亮丽多了，但其实每天都在发愁项目怎么快速推进，工作该分配到谁手上。这个阶段我最大的转变是开始教授他人工作方式。我做执行设计师时，每天想怎么精进技法，今天学习了什么新技巧。进入管理层后，我更关注怎么提高工作效率，怎么改变无效的工作方式，怎么把繁杂的工作分配给合适的人，并且如预期一样得到有效的成果。

我花费大量时间总结实战经验，形成新工作方式，一边测试一边迭代，形成模板，并将这种新工作方式教授给手底下的设计师们。"教授"成了我重要的工作之一。在这一阶段，我清晰地认识到，不是谁都能意识到工作方式和模板的重要性，而我需要带领团队，教授他们工作方式。

行业阶段："市"场有什么机会

创业后我站上了更宽阔的平台。我会跟很多客户聊设计，其实什么都聊不出来，因为他们认为设计是技法，是一种表现形式。客户并不想了解我的"术"，反倒和我聊市场认知、行业形势、商业设想的共通处。比如做宠物行业的客户会和我聊我对宠物行业的理解；餐饮行业的客户会和我聊我对餐饮行业的理解，以及餐饮行业最新的市场趋势。客户最后的落点一定是"我能为他提供什么服务"。我能做什么？我能画品牌标志（LOGO），我能做设计。

在行业阶段，我要时刻关注市场，了解市场走向，在市场中找到相应的机会，不断提升市场竞争力，这是一个漫长积累的过程。我必须带领团队创新、改进业务模式，争取在市场占有一席之地。

产业阶段：对趋"势"的把握

从注视行业转到针对整个产业，这是我一直以来做的事。亚洲吃面公司（以下简称亚面）转型为品牌创新咨询公司。我在思考如何连接行业上下游，把握产业趋势。到了这个阶段，我自然而然关注产业发展、潮流趋势、政策走向，我看到城市带给我们多彩的生活，也注意到城市慢慢变得同质化。这种大趋势不以人的意志力为转移。就好比你全力做一件事就一定会成功吗？不一定，一件事的成功离不开天时、地利、人和，三者缺一不可。大趋势并非一个人可以定的，不过这种趋势来的时候，我们还可以进行"势力组织"，连接更多资源加入。

但亦步亦趋跟随主流不是我的性格，亚面召集了一群志同道合的伙伴，一起做一些小事，玩一些不同于主流的东西，可能有结果，也可能没有。但这不重要，重要的是我们一起去尝试新方向，故步自封对我们来说好比灾难。这过程让我受到多方关注，我也带领着小伙伴们越走越远。虽然创新的初衷是好的，但不是每个项目都有结果，而挫折让我更加坚定了自己想要什么。

在产业阶段，我们要顺势而为，但不能全然跟着潮流走；要立足潮流走向，看到整个产业变化，面向未来积累势能并做出改变。

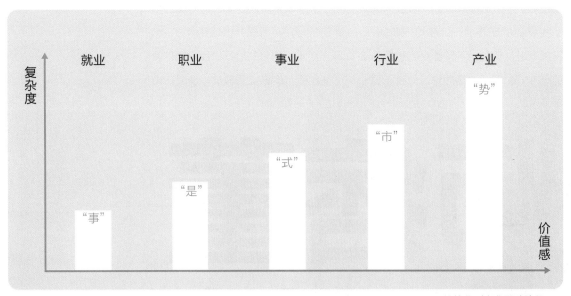

从就业到产业晋升阶段

缘生：对组织迭代的反思

"亚面厉害的设计师都走了，就剩一个空壳了。"

"内外部视角不统一，从外面看，我们好像还停留在刚开始的阶段。"

"知识不流动，我们太依赖经验丰富的人了。"

"合适的客户真的好难找！"

……

我听到过很多对亚面的评价。亚面面临着新的困境和瓶颈，让我不得不反思如何迭代、如何更新。这其实也是很多创业公司面临的问题。

从 2015 年到 2024 年，亚面走过了十个年头，经历了四个阶段。

1.0 品类视觉年轻化，炸裂的视觉风格出圈

"靠各种炸裂视觉吸引眼球出圈"也是大家对亚面最初的印象，市面上甚至一度出现"亚面风格"的说法。这是由于亚面把潮流元素跨界引入餐饮品类。采用炸裂的视觉本质上是一种营销手段，目的是形成品牌差异化，然而现在市场上已经出现足够多的视觉炸裂的设计，在这个方向上再制造一样的视觉效果，差异化优势就消失了。可当时依旧有很多客户找我

们，希望能够设计一套炸裂的视觉效果。如果需求仅此而已，那么一家小的独立设计工作室足以应对。

2.0 助力品牌年轻化，完善品牌个性化表达

积累了不少案例后，越来越多的大型餐饮客户找到了亚面，亚面的规模客户得以增加。我们发现一些老品牌本身的愿景、使命、价值观等设置都没有显著问题，这些品牌在本品类赛道上也处于领先地位，但几乎不与消费者沟通，品牌信息断层了。这恰恰是因为表达方式出了问题，因为品牌不清楚自己要什么，所以表达系统左用一个风格右用一个风格，不完整，没有针对性，吸引不了年轻消费者。因此我们在 2.0 阶段，对品牌本身提出更具针对性的表达方式，加强

品牌是组织的综合呈现，组织由人构成。如果想使品牌年轻化，就应该先让人年轻化。而人的年轻化，并不是招一群年轻的员工就可以实现的，而需要从组织层面构建一种能让内外部自由碰撞、发挥各自创造力的氛围和机制，当每个人的工作积极性和创造力被调动起来之后，品牌年轻化便是自然而然的事。

Celin——引导者

之前我们交付的是设计物料和设计规范，但是甲方品牌部的伙伴反馈这些很难使用，比起给更多的物料，他们感觉品牌部更需要的是规则和方法，以及品牌要传达什么，什么是一定要的，或者哪些是必须满足的，哪些是必须避免的。

狐狸——创想者

品牌与消费者的沟通连接，实现品牌年轻化、个性化。这时候，简单的设计工作室模式已经不太能支撑这些客户了，我们吸纳了更多的人才，组织也不断变大，这样才能帮助客户更完善地解决问题。

3.0　赋能组织年轻化，工具让更多年轻人发声

服务客户一段时间后，我们又产生了新的困境：我们希望为客户彻底解决问题，但是我们的设计只能暂时解决他们的问题，没能发挥更长远的效力。这让我们重新思考设计本身。我们既然在聚焦设计这件事，那么设计既是我们的目的，也是目的的呈现，既是意图，也是图画。我们的设计意图是让客户实现真正的品牌年轻化，然而客户真的需要一套炫酷、好玩、炸裂的标识系统（VI）吗？其实这些都是手段罢了。亚面发现，品牌年轻化的背后其实是组织年轻化。

自 2020 年，亚面便从"设计服务"进入"服务设计"的阶段。我们开始强调赋能、强调共创，通过工具激活组织活力，让更多的年轻人发声，提升个体价值，这样形成的组织才能充满活力。而品牌又是组织的外在表现，组织年轻化了，品牌自然由内而外充满生机。

但这些想法只是理想，还是有很

多客户对我们的认知停留在"我们只是一家设计公司"上，他们认为我们只是出一套设计方案而已。客户认知与我们的愿景目标产生了矛盾：对已有的客户线索来说，我们其实不是最好的选择，我们想服务的客户并不知道我们有服务他们的能力；甚至因外部环境的不断变化，我们正在服务的客户的需求也越来越模糊。如何突破这些瓶颈，便成了我新的困惑。

4.0　文化年轻化，建立新评价体系

做的项目越多，我越觉得只有文化年轻化才能带动组织年轻化。亚面建立之初就是亚文化的先锋者，主流文化从来不是亚面的选择，随着亚文化的逐渐发展，文化圈百花齐放，亚文化引领文化年轻化。

我们鼓励文化年轻化，冲破束缚，调整评价体系，塑造一个面向未来的，多元化、包容的文化环境。我提倡的新工作方式：新工作角色和新工作场景，本质上也属于亚文化体系。

未来世界一定包括多元化、多层次的亚文化圈层，而新的消费需求就蕴含其中，因此我们必须参与文化年轻化，融入年轻群体，面向未来。

探索：上下而求索

大概在 2019 年，我前去北京拜访陈春花老师，我向她提出了最近的思考及困惑：1. 客户对亚面的认知还停留在很早之前的阶段，内外部视角的不统一导致客户线索与公司愿景目标产生矛盾；2. 客户的需求越来越模糊，经常会出现"我不知道我要什么，但你做出来我就知道我不想要什么了"的情况。这种沟通效率会导致项目的拖延和卡壳等情况。

陈春花老师发表的观点，我很是赞同，我也希望将之分享给大家，这也是促使我写这本书的一个原因。

详思："连接比拥有更重要"

陈春花老师提到：连接比拥有更重要。今天，一切都在持续迭代、不断优化甚至颠覆之中，任何一家企业都无法独自应对；一切都在相互连接、万物互联、彼此交织之中，任何一个组织都无法独立存在。在数字化时代，动态是根本特征，迭代与优化是基本形态，而集合智慧是解决之道。因此连接比拥有更重要。

今天我们已经习惯于通过连接获得一切，如电影、音乐、出行等。我们不再为拥有这些东西而付出，反而更希望通过连接获取一切。连接更为便捷、成本低，其价值感也更高。

亚面需要连接内外部视角，让内部人清楚要做什么，也让外部客户知道我们能做什么。

她建议我写一本书，系统地输出观点和想法：品牌不仅可以通过刺激视觉的设计案例来吸引客户，还可以通过内容的传播来吸引客户。而内容类型及渠道选择将决定我们所能吸引到的客户类型。我原本从来没有想过写书。陈春花老师提出可以指导我，不是单纯帮忙写个序，而是真真切切对内容提出指导及建议。有了陈春花老师的鼓励，回到广州后我就开始写书，碰巧赶上春节，我兴奋地写了好几个月，之后便找出版社，按出版社的要求安排做了样章。

三思："共创书不共创了"

我推崇新工作方式、推行品牌共创，书的主要内容也与品牌共创相关。但写着写着我又开始自我怀疑：我既然在写品牌共创，为什么是我自己独创这本书呢？或者说，我写的对品牌创建的感悟、观点，真的就是对的吗？

打着共创的旗号，讲着共创的事情，自己却在独创。言行不一的折磨，让我觉得羞愧。这也是有时候公司的小伙伴说想让我搞抖音直播，我不太

游磊——推动者

有同感，我接触的甲方大多创立过不止一个品牌，如果之前创立的品牌没进展，就会重新注册个品牌，换个品类试试。

如果每个人都要追求自己说出来的东西、写的东西"是对的"，那估计很多人都不说话也不写字了。我觉得书的魅力就是看到不同人的经历和观点，它们不一定是对的，但却是真实的。"真实"有时候比"对"更有力量。

Celin——引导者

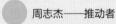

周志杰——推动者

这句话挺狠。这两年有个词叫"守正"，坚守自己的初心不被诱惑，不被影响的领导者才是好领导者！

津津津津——支援者

我不觉得有任何东西是原创的，大家都是站在巨人的肩膀上看世界，整合信息并重组，从而迸发出来新的灵感。

津津津津——支援者

让我想起了一句话，学设计不能只跟专业相关的内容，要让自己的知识面更加广阔，历史人文、建筑艺术、文学电影等都要了解和学习。

想去的原因。我不喜欢一个人做这些事情，如果独自做就可以，我自己开一个"传建工作室"不就好了，何必开公司、组建团队呢？既然是共创，书也可以大家一起创作。因此我成立了一个专项小组，从四面八方招募不同视角的人来一起创作这本书。我提倡共创，同时也希望每件事都能践行这一点。

求索："不以学科为边界"

筹备写这本书的这几年，刚好让我有时间静下来反思我看到的外部世界的剧烈变动。牵一发而动全身，我需要从更多视角、更多维度思考。带着这个诉求，我阅读了多个领域的书籍，如管理大师彼得·德鲁克的著作、诺伯特·维纳的《控制论》；翻阅了经济学经典著作；学习了萨宾娜·永宁格的设计商学等。虽然我没能找到具体的解决当下问题的方法，但是我看到了他们的选择——创造价值，推动社会发展。

跨学科阅读给我无数启发，学科与学科之间看似无相关性，但它们实际上都围绕一个问题开展，只是角度和解决方案不同而已。与广泛认知不同，我认为跨学科阅读帮助我看清楚了这个复杂的世界，把看似无关的因素整合为一体。

事物的本源远比事物的表现来得复杂，所以在本书中我想多写一些"本源"，而不是停留在表面、现象和手法上。项目组的小伙伴不大支持我写这些，因为它们看起来可能有些晦涩，让人不明所以，不知道在说什么。就比如目录上，我主张用为什么（Why）－怎么做（How）－是什么（What）的结构，从事物的根本开始讲起，但这与市场主流图书的书写方式完全相反。项目组小伙伴建议我从现象开始说，也就是"是什么"的部分开始；而我认为，太多人恰恰因为看到了现象，并且只看到了现象，而忽略了本质。我认为要理解这个世界，理解本源更重要。所以我决定做两个封面，一个从"为什么"开始，一个从"是什么"开始。

深化：不是一本案例集

写着写着，我想到一件必须强调的事：这本书不是亚面的案例集或亚面的经验总结。这本书不是用来告诉你，亚面打造了多么有名的网红品牌的。那些都是天时、地利、人和的结果，不是单靠我们一方的能力就能实现的。这些已有的案例都被公布在公众号、小程序、案例网站上，我们平时做个小直播分享给大家看一看就行了，没有写成书的必要。

一条僻静小路，走的人多了就是大路、大马路。亚面的成功案例被分析挖掘过无数次，市面上有太多相似案例，再分析就没有意思了。

后来我就想：亚面其实需要一本传递知识、传达亚面价值主张的书。书名虽为《品牌共创：新一代品牌传播与建设新工作方式》，但品牌共创存在于各行各业，不是品牌共创服务于亚面，而是亚面服务于品牌共创。

我们有许多成功案例，但做完就像忘记了有这么一回事，不收集数据，不传递知识，做了和没做经验上差不了多少。我希望这些知识能被传递给全公司的小伙伴，希望与同行交流，希望大家能使用这些知识；希望甚至是不了解亚面的人，看了书也能被我们的主张吸引，加入我们、参与共创，构建品牌共创服务网络。

看完整本书，如果回头再看前言，相信你会有新的见解、新的体会。

游磊——推动者

只看到成功案例外在的设计、服务，单纯想将这些外壳复制过来就好，而忽略掉这个品牌的核心竞争优势，这样做是无用的。

INTRODUCTION
导读

● **如果你是一个企业老板，不管你的企业是规模上亿，还是规模较小，你都可能遇到下列问题：**

· 市场流行做潮流品牌，要不要再创一个新品牌？

· 竞争品牌在打价格战，究竟要不要跟进？

· 一直在被动追市场风口，怎样才能掌握主动权？

· 团队中的每个人想法不同，如何达成共识，通力合作？

WHY ▶

● **如果你是一个品牌/项目经理，不管你的品牌是初创品牌，还是老品牌，你都可能遇到下列问题：**

· 如何一步步把品牌做大做强？

· 投了很多钱做品牌，为什么销量没有暴涨？

· 为什么消费者对品牌没有忠诚度？

· 项目推进卡壳了，如何找到问题的症结？

HOW ▶

● **如果你是一个策略/设计/运营，不管是刚入行的，还是老手，你都可能遇到下列问题：**

· 品牌资产听起来很虚，真的有这个东西吗？

· 会议中段经常跑题，怎么能够不跑题呢？

· 大半时间消耗在沟通上，加班是否能解决问题？

· 频繁进行会议沟通，怎么提高大家的沟通效率？

WHAT ▶

Q & A

以上这些问题我在工作中都遇到过。

按理来说，我有那么多品牌经验和管理经验，应该是个解决问题和制定战略的高手，但实际并非如此。在过去几年里我们团队遇上许多超出认知范围的挑战：比如如何把服务设计的理念贯彻到为客户公司进行品牌设计的流程中，以及如何进行组织变革、项目管理、流程设计等。如果你也遇上这些问题，本书中有很多我们解决这些问题的方法，细读下去你一定会有所收获。

阅读说明

如果你是个追根溯源的人，请从"为什么选择品牌共创"读起，我们总结了品牌同质化的5个关卡、3种品牌游戏、新一代品牌的定义，并指出品牌应该始终以消费者为中心，由此衍生出C2S2B价值共生商业模式。

"怎么做品牌共创"，是亚面工具和方法论的集大成体，品牌传播与建设新背景总结了我们对时代的看法，品牌传建系统是思考品牌的"大脑"，四段螺旋是做品牌的干手百眼。

"品牌共创做什么"，给出了通过品牌运营不断迭代升级来使品牌共创落地的实操方法，包含打造品牌"新占场"的方法、品牌持续增值的秘籍、线上协同工作平台等内容。

共创官留言

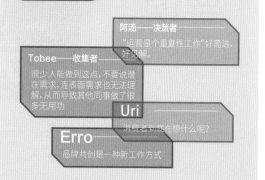

在本书未出版时，亚面就召集了一批提前阅读的读者，上面是他们阅读后留下的观点和看法。

正反阅读

这是一本可双面阅读的书，一面从"为什么"开始，探讨品牌共创的本质；另一面从"是什么""怎么做"开始，探讨品牌共创的实体表现，给出亚面可借鉴的方法论。

（本书同时拥有2套页码，黑色页码从"为什么"开始，灰色页码从"是什么"开始。）

正面

反面

两侧留白

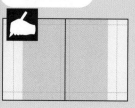

读完一本书如果没有留下字迹相当于没有阅读，两侧留白是为了留下思考空间，供大家在阅读时留下你的思考、判断、否定、认可……

便利贴

便利贴是本书的精华，也就是核心观点和金句，还有一些痛痒写下的感想。

INTRODUCTION
导读

一本相同　三阶认识
二元矛盾　四段转化

本书跟市面上讲定位、超级符号、竞争优势的书一样，都在讲品牌怎么做。品牌怎么做，既简单又复杂，简单到可以只做一个商标（LOGO）即可，又复杂到涉及产品、渠道、品牌传播、品牌建设、品牌运营等众多方面，其中随便一个都值得深入研究。

品牌是这些问题相关理论的开始，是所谓的"一"。

一生二，比如做品牌的重点是创新还是运营，应该不断积累品牌资产还是尝试新模式，是先做顶层设计还是先做视觉设计，等等。

二生三，不同选择的后继各有理论或动作支撑，如从顶层设计做起要讲定位，从视觉设计做起要讲视觉锤；积累品牌资产要开个平台号，尝试新模式要不断寻找新机会……

三生万物，理论背后是操作指南，要做定位就先要做市场研究，要做视觉锤就要上机画图，要开平台号就要准备物料、收集数据、制作表格等。

我最近常在思考一个问题，汉字小写的一、二、三、四，为什么到了"四"写法就变了，把"四"写成四道横杠不是更容易吗？确实容易，但不好记，按照这个逻辑五、六、七、八应该分别对应五六七八道横杠。我试着在纸上画，画着画着就要往回数，担心多画一笔或少画一笔。

重复循环一个动作，到了一定程度就应该让其有所变化，简单循环只能永远原地踏步。

讲一万遍品牌共创，不如把品牌共创的背景、内涵、步骤写出来，也就是为什么做品牌共创，品牌共创怎么做，品牌共创是什么。

痞痞：

每次把这 16 个字解释给亚面小伙伴听时，我都觉得很兴奋，因为自己想出了能高度概括本书的文字，但是小伙伴无一例外觉得我跑题了。反复尝试了好几次，我慢慢知道每个人看待事物天然带有"偏见"。"偏见"之所以会产生，是因为角色不同、认知不同、想法不同，不同人看一件事情时就会有不同角度，这是客观环境使然。

"三"在中国俗语中泛指多，三思而后行，不是叫你思考三次再行动，而是反复思考几次。

痞痞——搅局者

一本相同 三阶认识
二元矛盾 四段转化

"本"，即本源的本，事物都有其本源，追根溯源为"本"。

现代企业的"一"是什么？是愿景，是战略。无论是做技术革新，还是开辟第二增长曲线，本质上都是在为相同的战略目标服务。比方说亚面品牌共创工作坊经常会问参与者："你的目的是什么？"我们做的每件事情都有目的，我们做的所有动作都应该朝着同一目的前进。

"元"，是本元，二元是我们看待事物的两个极端。

我们应该辩证看待事物对立统一的两面，比如黑白、男女、东方西方、城市乡村、理论实践。

二元可以是从同一目的诞生出的不同做法。做品牌既要考虑消费者，也要考虑员工；既要生存，也要发展；既要运营，又要创新。

二元也可以是我们思考问题的两个维度。现实世界远远不止有两个维度，在两个极端间存在无数灰度选择，灰度中又存在我们想要的对立统一。

"阶"，是阶段，跨越现阶段首先要提升认知。

一个人的认知发展是有阶段性的。我在设计行业从业二十几年，几乎每天都与设计打交道。一开始我觉得设计是技法，是通俗意义上的具体工具和技法表现；后来我认为设计是方法，认为设计与文章、视频同为表现手段之一；现在我认为设计是艺术，为多种具体方法和技法提供原则和指导。这就是我对设计的三阶认识。对你来说"设计"又是什么？

"段"，是阶段，工作要分阶段落地，不断推进。

"本""元""阶"都是思维概念，从整体到分散，最终还是要实现转化，得到实践。在我的认知里，实践之所以很重要，是因为我能从实践中总结经验，形成理论。

Tobee——收集者

对我来说，现今商业模式中的"设计"是对商业理念的一种表达。整体格调、展现形式都离不开企业自身的品牌形象、理念以及其市场定位、目标客群。

叶——支援者

企业如果没有千手百眼就会被市场抛下，市场变化太快了。

INTRODUCTION
导读

一本相同 三阶认识
二元矛盾 四段转化

我们一直在强调从多角度看问题。同样 16 个字，有人看到的是一二三四，有人看到的是本元阶段，还有人看到的是相同、矛盾、认识和转化。

一本相同：大家都有同一个目标。营销部、市场部、数据部、品牌部都有各自的业绩目标，但他们的所有行为都要指向同一个目标——建立品牌。为什么新的一年老板往往要上台讲两句？因为团队要在开工前统一目标，无论中途偏航多远，只要有共同的"启明星"指引，就可以重新找到方向。

二元矛盾：矛和盾本身相互敌对，但都可以对抗敌人。就像做品牌，如果觉得"现在我要生存，之后才考虑发展"，那么我们就是把品牌的两面对立起来了。有句话说："不能吃着碗里的，看着锅里的，想着田里的"，而对品牌来说则不是这样。"生存、发展、创新"三个动作不是过去、现在、未来，而是此时此刻都应该考虑的。

三阶认识：为什么、怎么做、是什么，是思考的三种角度。我们很习惯思考具体做什么，却不会去问为什么、怎么做。从某种角度上说，我们应该思考为什么、怎么做，然后再去思考具体做什么。

品牌共创得出了什么结论？不同岗位角色看问题的方式不同。有些人关注为什么做，有些人关注如何做，大部分人关心做出了什么。因此你可以挑本书中你能最快理解、接受的部分阅读，不必把书从头读到尾，毕竟关注眼前比关注远方更重要。

四段转化：没有落地转化的理论都是空话。认识改变后，接下来我们要做的就是行为的改变，我们要建立一套可以被落地执行的流程，同时还要改进这一流程。亚面一开始提出的是四段创作流程，经过实践它被改进为四段转化流程：背景与需求、定义与设想、设计与原型、迭代与运营，最终形成一个完整的闭环。

痞痞：

只有实践才能改进理论，就像当我们跑起来的时候，我们是不关注迈左腿还是迈右腿的。

一本相同 三阶认识
二元矛盾 四段转化

一本相同：这里的一，是本质，是第一性原理；是相同而不是相通，是静态结果的相同，动态的过程是不相通的。

二元矛盾：事物的矛盾法则，即对立统一的法则。相比一本相同的静态，二元矛盾揭示了事物发展的根本原因在于内部的矛盾性，世界在变化，没有矛盾，就没有人类的发展。

三阶认识：是对问题或现象进行分层级、分角度认识的过程，对同一事物从多个维度解读，对问题深入分析，才能找到解决问题的关键。

四段转化：从本源出发诞生矛盾，再到多角度解读，逐步落地解决，例如点线面体、PDCA、一年四季，是从概念情境转变到实操步骤的一系列演变和转变的过程。

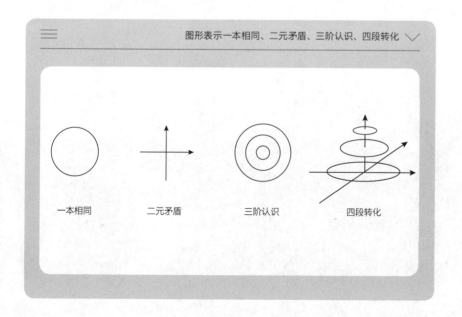

图形表示一本相同、二元矛盾、三阶认识、四段转化

一本相同　　二元矛盾　　三阶认识　　四段转化

CONTENTS

目录

第一章

为什么选择品牌共创

CONTENTS

目录

第二章

怎么做品牌共创

新一代，品牌传播与建设新背景

06

品牌共创是一种新工作方式

07

CONTENTS

目录

第二章

怎么做品牌共创

转：设计与原型

12

合：迭代与运营

13

CONTENTS

目录

第三章

品牌共创做什么

城市"新占场"

14

品牌持续增值的秘籍

15

线上协同工作平台

16

为什么选择品牌共创

→

...

做品牌时最大的陷阱是自认为"我"是个品牌。长久以来，我们对创建品牌有近乎盲目的崇拜，一方面歆羡品牌的话语权、溢价权、稳定的消费者，另一方面自顾自生产产品、设计VI、进行媒体营销。在现实世界里，这样想的、这样做的品牌数不胜数，但选择这么做的品牌，恰恰做不成品牌。

品牌不是自我认可的勋章；被你、我、我们、消费者认可的才叫品牌。别忘记了，品牌最终端那头连接着消费者。

Why Choose Brand Co-Create?

WHY CITY

1

造成品牌同质化的 5 个关卡

Brand Co-Create
01

关卡 1: 主动模仿

学习和模仿是人类的天性。对大部分人来说,"模仿"是一种好的选择,很节约成本,也能让我们很快见到成效。亚面的视觉炸裂的产品是怎么来的?我们在服务餐饮企业时发现,相比于彩妆行业企业、服装行业企业、快消行业企业,餐饮行业企业在设计的表达沟通上差了一大截,因此我们模仿了这些行业的表达手法,将它们直接借用到餐饮行业企业中。太二酸菜鱼火了,很多奇奇怪怪的名字、风格类似的酸菜鱼品牌纷纷出现。有不少粉丝私信我们问:"那个 xx 是不是你们的分店",名字实在是太有意思了。亚面当时专门收集了市面上类似的酸菜鱼品牌,写了相关推文发到公众号上。现在来看,这些当时足以搅乱视线的品牌,现在没有几个活下来的。讲个小故事。如果一群黑白奶牛里出现一头紫色奶牛,那么紫色奶牛一定最吸引眼球。黑白奶牛看到这样的情况就会想:"紫色吸引人,

我也要刷一个紫色。"慢慢的,农场里就都是紫色奶牛了,紫色奶牛也就不稀奇了,相反,原来的黑白奶牛又引人瞩目了。市场里的品牌大都是你模仿我,我模仿你,这不稀奇。做品牌难在始终保持自我清醒。

模仿是再正常不过的商业行为了,是最容易执行的,但要复刻品牌优势却很难。外界只能看见品牌成功的冰山一角,没有深挖过品牌背后的布局。模仿的逻辑是依赖外部,即市场上什么火了,我跟着做什么。这就很难找到自己的优势,会让自己一直被困在模仿里。

要想超脱于模仿,首先要拒绝模仿,寻找自我,挖掘自己的品牌优势。要知道,最终没有刷成紫色的奶牛反而最吸引人。越学别人越不像自己,越看对手越迷失自己。冷静下来,品牌应该回归本色,找到自己真实的优势。放下模仿,跨越模仿,是找到品牌竞争优势的第一步。

如果通过跨行业的模仿、借鉴,如餐饮行业企业模仿互联网的思维、品牌营销策略等,在自己的行业中脱颖而出(比如当年短暂爆红的黄太吉煎饼),那么我们应该如何定义这种"模仿"呢?

Bein——推动者

关卡 2：傲慢自视

突破模仿，寻找优势，放大优势，我们在这个过程中很容易进入"我很厉害"的状态，产生偏见，陷入傲慢。

过度自我，就是傲慢。

这种例子在商业社会中太多了，三天三夜都说不完。很多老品牌身上都有傲慢的影子：不想改变，维持稳定状态；找到品牌优势后，专注技术优势、渠道优势、产品优势；沉没成本高，尾大不掉。曾经的柯达、诺基亚是这样，现在专门做线上的新消费品牌也是这样。这些品牌就像在织网一样，做着做着就把自己困在网里，看不到外部市场的变化了。当这些品牌最终决定去修复一些问题，跟上市场变化的时候，真正的危险已到它们面前，它们已经被市场远远抛下了。

如何放下傲慢，突破这个关卡？

如果品牌能意识到问题，就成功了一半。我们不能用内部思维看品牌，毕竟权衡左右上下只能让品牌越来越沉重；我们要面向外部，面向市场、对手、消费者，放下品牌身段和傲慢。品牌只有结合自身优势，通过营销或产品创新解决问题，才能在尝试中找到新的突破口。

痞痞：

1. 当模仿由优势转为劣势时，我们只有回归品牌本色，寻找自我优势，放下模仿，才能跨越模仿。

2. 傲慢就是过度自我，我们只有回归市场、关注消费者，才能走出傲慢。

3. 通俗来说，局部放大就是把鸡蛋都放在一个篮子里，平衡资源做出新尝试，分散单一风险。

4. 市场竞争基础不会一成不变，游戏改变意味着玩家必须重新摸索规则、制定规则，率先参与制定规则的人能在很大程度上吃到红利。

5. 认知固化就是像在互联网时代发电报一样过时，只有回归事物本质才能打破固化的认知。

分享一下我自己的经历。我之前任职于一家百年老字号的餐饮企业，当时门店各自做自己的营销、运营。我是集团成立的市场部里的第一批市场部经理。2015—2016 年，大家念叨的还都是 O2O 的概念，外卖刚兴起，所谓的线上营销才兴起。我们内部有一句话"拿着补贴，所有门店的物业又都是我们自己的，除了餐饮，我们还有别的产业，绝对饿不死"。一晃这么多年过来了，门店数从之前的 28 家左右到现在的 5 家，所有去那个城市吃饭的人都在骂这家企业。老字号有时候真是自己把自己做死的。而且这个老字号品牌是掌舵人手里的品牌之一，又不赚钱，企业冗余，人员极其庞杂，真是"惰性"满满。

周志杰——推动者

David Zheng——决策者

我个人觉得，这些品牌可能害怕改变。维持现状也许会让品牌慢慢被淘汰，但也可能让品牌维持住了原有优势，还不花钱；改变有一定的失败率，钱花出去了还可能失败。

关卡 3：局部放大

有段时间非常流行亚面风，那个时候餐饮领域还没有潮流。回想那个时候餐饮是什么样子：高大上的红木家具私房菜、普通粉面饭，还有街边大排档。当时亚面接到的客户需求是出圈，好看、好玩，要有意思。亚面选择用潮流设计的方式满足客户需求，后面我们也知道了，这种设计风格被模仿、借鉴，被叫作亚面风。

亚面将设计优势放大到极致，做 VI、IP[①]、3D，甚至专门成立了 404 部门。按理说这应该有很好的效果，但实际上并没有，我们甚至没有达到客户的目标。记得第一个关卡是什么吗？模仿。如果一个套路被验证是有效的，不仅会让品牌扩大优势，市场也会模仿、学习这个优势，那么市场上大部分品牌都有的优势还是优势吗？

营销投放的投入产出比（ROI），要怎么扩大？最直接的方式是购买流量，购买的流量越多，转化越好看。还是那个问题，局部放大一定有天花板，你在扩大优势，市场也会模仿。今天到处都是品牌营销，但有几个品牌真的达到了品牌营销的目的？营销的成效远不如两三年前。无数人走同一条路会把路越走越窄，越走越卷，导致物极必反。

我觉得："图啥比啥图更重要，设计很好，图画得也很好，但没有达成客户的目标。"亚面意识到图画设计很重要，但更重要的是意图。

局部放大怎么破局？要完成一个由合到分的转变，也就是鸡蛋不能放在一个篮子里。我们什么都折腾，平衡资源分配，留一点资源，做些其他尝试。

关卡 4：游戏改变

第四个关卡是让品牌感到最冤的，有点像创新者窘境：我什么都没有做错，但我被淘汰了。我们经常听到企业经营不善倒闭的消息。这些企业之所以倒闭，或是因为大环境变差，或是因为企业管理者水平不行，这都在情理之中，但有一种倒闭原因是企业经营得太好了，管理者没有预料到游戏改变，规则改变。

亚面风经市场验证成功时，游戏规则就改变了，也就是说品牌成功会改变品牌的游戏规则。品牌设计的手法被广泛复制，就变成了普通手法，此时品牌如果固执地坚持老的游戏规则，就会将成功转化为失败。

不仅针对品牌设计，这点放在品牌理论上一样适用。使用杰克·特劳特的定位理论的公司很多，每个品牌

① 即知识产权。——编者注

都有独特定位、独特的细分赛道，那定位还有用吗？定位多了，品牌定位反而失去了作用，过犹不及。

一套图形解决不了问题，毕竟品牌竞争基础早就改变了。过去优秀甚至出圈的品牌设计，在现在看来只是普普通通的常规操作，新的品牌游戏已经出现——从图形设计游戏到品牌设计游戏，从图形交付成功升维到品牌成功。简单来说，游戏升级了，如果我们不制定升级策略和方法就会被淘汰。

关卡 5：认知固化

认知固化就是看不见彼此的差距，活在自己的世界里。认知会影响我们对事物的理解，影响我们的判断。

品牌建设是一个长期不断更新品牌的过程，要求我们用空杯心态面对市场，用开放的心态面对消费者，而不是在市场和消费者面前摆出高姿态。

经常有人问我："做品牌应该先做什么？先做品牌设计，还是品牌传播，或是品牌营销呢？"答案是都可以。这就是认知不同给予我们新的选择，一定要先有设计吗？一定要先找到产品吗？不一定，从哪里开始做品牌都可以，关键是要系统、整体地看待品牌，找到适合品牌的切入口。

产品、渠道、设计、传播、运营等要素最终都为品牌的消费者服务，我们要让各个要素交互，回归消费者生活场景，我们的认知也要从单一个体思维转向系统交互思维。

我们意识到应该转向系统性思维时，就迈出了第一步。

亚面在做《品牌共创：新一代品牌传播与建设新工作方式》这本书时，喊着用新工作方式交互式工作，但用着旧工作方式，各干各的、各写各的，最后大家汇集讨论才发现鸡同鸭讲，大家写的各不相同，开个会讨论半天也没有结论，又要从头开始，可做着做着大家又迷失了方向。即使你的大脑意识到要改变，你的身体还是很诚实地走老路，认知会固化，没有固化的似乎只有口号。

很多喊着"以用户为中心"的品牌，其实很少以用户为中心。很多时候，人们主张做什么，就是做不到什么。怎么才能突破认知固化？回归事件本质，你做的所有事情都应该指向目标；你要回归做品牌的本质，商业应该以人为本。

品牌游戏正在升级

Brand
Co-Create

02

效率游戏

Kalam L——推动者

时代的背景决定了品牌传播手段是否有效。现在去春晚打个广告依然是有效的做法，只是性价比太低了，更有效的传播方式出现了。

"品牌"（Brand）这个概念在中世纪就已出现，那时贸易流动，交易市场鱼龙混杂，商人们为了证明商品所有权，就为商品打上了烙印。所以最初，Brand只用来指代烙印。我们之所以说品牌是形象，是权威，是朋友，是因为品牌概念本身随着商业社会变化而变化了。

20世纪八九十年代，选择对的电视台投放广告等同于建立品牌。一个默默无闻的地方品牌要成长为家喻户晓的全国品牌，只需要一个电视台的标王。三四十年前怎么做品牌，我记得很清楚：拎着一麻袋钱去广州拍个商业电视广告（TVC），再拎着一麻袋钱去北京找电视台广告部主任，整个过程简单粗暴，效率非常高，一投一个准，而且屡试不爽。那时候品牌的权威背书、高效传播，就能导致爆发式卖货。现在很多品牌也想玩效率游戏，但是实力不允许，毕竟这种短时间内的高效传播一定是堆砌大量资金的结果。

效率游戏的关键在"我"。只要我的资源足够丰富，我完全不需要其他人也能成功。怎么工作效率最高？听老板的！组织只有一个大脑的时候，做什么都很快，底下所有人都是执行者。但做出来的品牌是成功的吗？消费者会买单吗？不一定。时代早就变了，这是一个众声喧哗的时代，而消费者才是品牌的服务对象。

现在的消费者不再依靠权威，对一个品牌的喜爱和讨厌都来得很简单，可能因为朋友的推荐、服务、广告语或者一张设计图，年轻消费者更依赖于自己的喜好。如果品牌不厌其烦地打领先、优先的概念，那么消费者大概率不会记得它。

增长游戏

随着经济发展，市场上有了越来越多的品牌，任何一个赛道都被品牌占满了，品牌与品牌之间的可替代性越来越强。如果我想在办公室吃零食，可以买三只松鼠、良品铺子的全系列品牌的产品，也有专攻凤爪的王小卤的产品，还有逢年过节必买的粒上皇的产品。零食行业各个细分领域已经"卷"到极致，消费品牌在尽全力从现有市场中瓜分出一个"新市场"。但市场增长无疑已经到了天花板，消费者有无数不带重复的选择，新旧品牌都只能在竞争激烈的市场中谋求增长。

很明显，品牌的游戏规则改变了，品牌只有找弯道、找新"火箭"，才有可能实现增长，因此我们看到了品牌在尝试全平台、直接面向消费者（DTC），其本质上都是在进一步接触消费者。亚面会通过直播把《品牌共创：新一代品牌传播与建设新工作方式》这本书传播出去，因为我们需要听听消费者是怎么想的，需要听听消费者认为我们为消费者创造了什么样的价值，再从消费者反馈中寻找改进方向。

品牌增长游戏的关键点是——"听听你们的想法"，将"我"变成"我们"：你有什么需求，我们来满足你。双向沟通在本质上就是满足消费者需求，减少中间环节，直接找到消费者。现实也证明了，品牌可以通过双向沟通切分市场蛋糕从而获得增长。双向沟通是为了更有效地卖货，让双方实现价值互换。

发展游戏

什么是发展? 发展是事物前进的过程,由简单到复杂,由量变到质变。如果增长是量的积累,发展就是质的变化。品牌发展游戏是我们认为以后的品牌、商业甚至人类应该关注的、应该做的。

美国户外运动品牌巴塔哥尼亚(Patagonia)曾将"黑五"期间的所有营收捐给草根环保项目;星巴克换掉所有塑料吸管,将其改为可降解的纸质吸管;可口可乐公司将雪碧绿色瓶包装改为透明塑料包装。从利益角度上看,为什么品牌要去做这些吃力不讨好的动作? 因为它们有了关注所有人的能力。当体量足够大、利益足够多的时候,品牌就会暴露在社会舆论下,这时品牌就需要尽自己应尽的社会责任。虽然品牌在宣传环保上多少带着营销的目的,但也实实在在牺牲了部分利益。

很尴尬的是,小品牌每天都在想怎样才能活下去,大品牌才有资格、有能力关注所有人。做不到就不做了吗?"知其不可为而为之",这大概是刻在我们骨子里的执着。而发展游戏就是值得我们这么做的事。我们要关注所有利益相关者,如果你参与其中,你也应该有自己的那部分利益。

> **L——决策者**
>
> 王者荣耀、和平精英之所以做传承传统文化的营销战役(campaign),在一定程度上也是因为舆论压力,但是在成为全民级游戏前就开始盲目尝试做公益项目的游戏多半已经死在沙滩上了。

> **痞痞:**
>
> 效率游戏、增长游戏、发展游戏三者不是递进关系,也没有正确错误之分,只是品牌的三个选择。我们都想玩效率游戏,问题是缺少资源,基于我们的能力,我们选择了其他游戏。 👍

效率游戏	增长游戏	发展游戏
=	=	=
权利游戏	关系游戏	价值游戏
中心化组织	去中心化组织	去中心自组织
关注我	关注我们	关注全部

品牌增长的三个游戏

我们都想玩效率游戏，问题是缺少资源，基于我们的能力，我们选择了其他游戏。

新一代品牌的定义

03

Brand Co-Create

消费者才是品牌的缔造者

顾客优先，以消费者为中心，顾客总是对的，这些已经成为服务业的口号，带来了很多区别于"股东第一"的改变。但我们必须知道，这些口号出现的时代背景：它们都出现在经济大萧条时代。在这种背景下，企业不得不争夺消费者。我们也必须承认，要将固有的企业口号从"以利润第一"和"以产品为中心"转向"以消费者为中心"，企业还有很长一段路要走。

以消费者为中心就是优先考虑消费者。我们发现每个品牌都喜欢说以消费者为中心，它们喜欢展示共识，但往往只是展示而已。品牌什么时候会想起消费者？卖货的时候。

产品最终是要给人消费的，不能满足需求的产品，人们为什么要买？所以不要做完产品、服务、渠道、品牌建设、品牌传播再去找消费者，而应该先找到消费者，让他们参与品牌建设的整个过程，以消费者为中心。

为什么前置消费者？原因很简单，"以利润为中心"和"以产品为中心"配合中心化媒介资源可以让我们用更快的速度、更低的成本占领市场。早年我们不做消费者端也能成功，

> **新一代**品牌
> 是利益相关者的交互产物
> 是价值创造总和
>
> 更多 →

> 新一代品牌
> 是**利益相关者**的交互产物
> 是价值创造总和
>
> 更多 →

以消费者为中心

报纸、杂志、电视台、百度搜索引擎、淘宝、公众号、小红书、抖音等，这些热门渠道都是投放广告的平台，我们一投放就见效，再加点钱，ROI就更高。你加钱，我也加钱，那时做品牌比的是谁的资本更多。最后品牌花大价钱买流量，还打折促销，给消费者让利，每年的利润比刀片还薄，可品牌依旧没有做起来。消费者根本不知道你投放了多少广告，还觉得你的产品莫名其妙地涨价了，转头选更划算的产品了。

品牌只有得到消费者认可才有资格被称为品牌，品牌建设没有"一招制敌"的秘诀。品牌建设是一个积累品牌资产的漫长过程，也是一个品牌不断和消费者沟通，建立信任的过程。

未来消费者需求只会越来越分散，越来越细化。只有提前连接消费者，盯住消费者时刻关注的动向，他们一变化，我们就变化，我们才能做出品牌，挑战造成品牌同质化的 5 个关卡。

新一代品牌
是利益相关者的**交互产物**
是价值创造总和

更多 →

新一代品牌
是利益相关者的交互产物
是**价值创造总和**

更多 →

新一代品牌
是利益相关者的交互产物
是价值创造总和

在 21 世纪第二个 10 年里，我们已经站在前人未达到的高度，5G、人工智能、大数据、云计算融入日常生活，年轻人拥有更广阔的视野，能代表中国的品牌纷纷崛起。这是一个承前启后的时代，经济、科技、文化发展到一定阶段必然产生飞跃。

生长在互联网的新一代年轻人获得了更多元化的信息和文化，这使得他们拥有更广阔的视野，使得他们对外界文化包容，对本国文化自信，希望成为文化传播的一部分。"觉醒的消费者"是这个时代显著的标志，新一代年轻人以自我为衡量世界的标准，他们不再只听从外界的声音，他们拥有自己的一套标准，追求精神享受，选择喜欢的生活，乐于尝鲜，服务自己，愉悦自己，渴望体验不一样的生活，渴望成为本国、民族文化的传播者。在良好的经济条件下成长的他们，加强了文化自信心和文化认同。

各行各业的"新中式"兴起是文化自信的表征之一。"新中式"代表着新一代年轻人希望在当今时代找到能代表自己、代表家乡的独一无二的文化符号。

新一代品牌的机会源于这群消费者，模仿外国文化做品牌，对如今新一代的年轻人来说过时了，他们是随着中国的飞速发展而成长的。他们通过对本土文化的了解，重新定义了潮流，主动做新一代的文化推广者和传播者。随着本地化品牌的成长，必然还会有一批代表中国的品牌崛起，它们生长在中国，蕴含中国文化基因，它们会走向世界，被人们所熟知。

同时，品牌要聆听消费者的声音，运用互联网技术连接消费者，听取消费者的诉求，重视反馈和负面评价，这些会化为品牌的驱动力。新一代品牌不只是我的，还是我们的。

新一代品牌
是**利益相关者**的交互产物
是价值创造总和

利益相关者是指与"品牌"有一定利益关系的个人或组织、群体，品牌利益相关者不只有消费者和企业，还有品牌的员工、合作伙伴、上下游供应商等。

放在一般语境里，利益相关者指代投资者、股东、经理、企业员工，但此处我们说的利益相关者更加广泛，除了公司、客户，还包括消费者、合作伙伴、供应商、行业企业、社区、政府机构，甚至还包括自然环境。无论投资方、生产端还是消费端，利益相关者就是所有与利益分配有关的人。

我们判断谁是利益相关者时不以其所获利益大小为标准，而是看他们是否共存在一个体系内。品牌不是投资者的品牌，不是公司的品牌，不是品牌部门的品牌，而是消费者的品牌，是利益相关者的品牌。

品牌的发展是品牌实现各种利益的根本条件，是品牌利益相关者的共同利益所在。

新一代品牌
是利益相关者的**交互产物**
是价值创造总和

想想,品牌是什么?

一开始品牌是烙印,后来品牌是独特的产品、品类代表、口碑、值得信任的朋友、特殊的形象、意义的总和。我们问遍公司小伙伴、周围朋友,发现每个人对品牌的定义都不一样。设计师说品牌是一个LOGO,财务说它是溢价,策划说它能带来价值,还有人说品牌是文化。品牌从一个实实在在的烙印,变成了看不见摸不着的抽象概念。

今天品牌代表很多东西,图形是品牌,广告是品牌,口号(Slogan)是品牌,社群是品牌,只要是消费者的感受,就是品牌中的一部分。最开始品牌是烙印,用于区分产品的所属权;人类有大量雷同的产品之后,品牌就变成一种"无形资产",用缥缈的理念区分商品。当品牌数量多到"无形资产"无法区分时,品牌就需要新的定义:品牌是我们看见的、感受到的有形交互产物。新一代品牌是利益相关者的交互产物,是价值创造总和,是服务识别、语言识别、视觉识别三者交互的产物。

有形烙印

品牌 1.0

无形资产

品牌 2.0

有形交互产物

品牌 3.0

新一代品牌
是利益相关者的交互产物
是**价值创造总和**

为什么要加上"价值创造总和"？我们今天做的品牌，大部分是在满足消费者的低频刚需，提供理性价值。理性产品的市场规模无疑最大，但今天消费者缺功能性产品吗？不缺。

消费者需要柔性的需求——感性价值，而这恰恰是我们需要提供的。

对年轻人而言，只能提供功能的产品太无趣了，他们希望沟通，希望有品牌倾听自己的想法。

走入宜家、优衣库、无印良品，我们享受的是生活，享受的是装点自己的美好，我们不会感叹"这又是一个卖货的"，这些品牌已经能让消费者感受到象征性价值了。

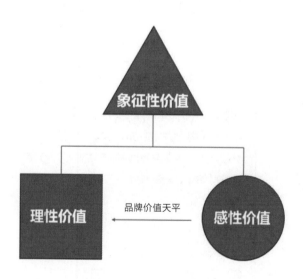

你如何定义品牌

杰克·特劳特 · · ·

品牌就是某个品类的代表
或者说是
代表某个品类的名字

品牌定位专家

凯文·莱恩·凯勒 · · ·

品牌就像一个
你比较信任的朋友。

品牌营销专家

品牌管理大师

戴维·阿克 · · ·

品牌可有效防范竞争对手
生产外观相似的产品。

唐·舒尔茨

品牌实际上是将企业与顾客
连接在一起的一种关系，
这种关系虽然无形，
但是十分珍贵。
品牌的核心是消费者的经历！

整合营销大师

菲利普·科特勒 · · ·

品牌是一种名称、术语、符号，
用来识别产品制造或销售商。

现代营销学专家

赛斯·高汀 · · ·

品牌是期许、记忆、故事
和关系的集合体，
会影响消费者选择
哪一种产品或服务。

市场营销专家

美国市场营销协会 · · ·

品牌是一种名称、术语、标记、符号
或图案，或是它们的相互组合，用以
识别某个销售者或某群销售者的产品
或服务，并使之与竞争对手的产品和
服务相区别。

英国品牌营销教授

莱斯利·德·彻纳东尼 ···

"品牌"指的是可识别的产品、服务、人物或者地点。

♡ ○ ▽ 🔖

霍华德·舒尔茨 ···

真正的品牌不会诞生在营销部门或广告代理机构里。它们源于公司所做的一切。

星巴克原首席执行官

♡ ○ ▽ 🔖

广告教父

大卫·奥格威 ···

品牌是产品属性中无形属性的总和，是其历史、声誉和广告呈现的方式。

♡ ○ ▽ 🔖

迈克尔·佩里 ···

品牌是消费者对一个产品的感受，它代表消费者在其生活中对产品与服务的感受而滋生的信任、相关性与意义的总和。

联合利华董事长

♡ ○ ▽ 🔖

你怎么看品牌？

✎ 说点什么…

史蒂夫·乔布斯 ···

市场营销的核心在于品牌的独特价值，我们必须简洁有力地让人们知道我们的核心是什么。

苹果公司创始人

♡ ○ ▽ 🔖

经典的品牌理论体系

品牌理论的每一次更迭都源于城市发展、工业变化、生产力提高，本质上是人们对美好生活的向往、情感的寄托、情感需求。

1960's

独特销售主张

20世纪50年代罗瑟·瑞夫斯提出USP（Unique Selling Proposition）理论，即"独特销售主张"：一个广告必须包含一个向消费者提出的独特销售主张。USP放大了产品具体的特殊功效和消费者获得的利益，而这种特殊性是竞争对手无法提出的，拥有强劲的销售力。

品牌形象论

20世纪60年代大卫·奥格威提出品牌形象论（Brand Image）。品牌形象论认为每一则广告都应是对整个品牌的长期投资，广告应该维护一个高辨识度的品牌形象。随着同类产品的差异性减小、品牌同质化增强，描绘品牌形象变得比产品的具体功效特性重要得多。

1950's

1990's

定位理论

20世纪70年代艾·里斯与杰克·特劳特提出定位理论（Positioning）。定位理论的核心原理"第一法则"，认为品牌就是某个品类的代表或者说是代表某个品类的名字，建立品牌就是要实现品牌对某个品类的主导，成为某个品类的第一。

整合营销传播

20世纪90年代唐·舒尔茨提出整合营销传播（Integrated Marketing Communication）。其是将与企业进行市场营销有关的一切传播活动一元化的过程，包括广告、促销、公关、直销、包装、新闻报道等一切传播活动都被纳入营销活动范围。

Experience Marketing

体验营销

20世纪90年代约瑟夫·派恩、詹姆斯·吉尔摩、伯恩德·H.施密特提出体验营销（Experience Marketing）。体验营销是通过看、听、用、参与的手段，充分刺激和调动消费者的感官、情感、思考、行动、关联等感性因素和理性因素，重新定义设计的一种思考方式的营销方法。

1970's

1990's

C2S2B 价值共生商业模式

Brand
04
Co-Create

对滑板文化有重要贡献的潮流品牌范斯（Vans），最早销售帆布鞋的方式是工厂直销。由于用帆布制作鞋子的工艺简单，很方便顾客自己改造，机缘巧合之下，品牌创始人在和一名女顾客的对谈中得知了顾客有自己改造的需求。后来这成了 Vans 品牌独具特色的一项服务：顾客可以自带或选择店里任意布料做鞋子。这也成了一种独特的品牌文化，颇具"品牌共创"色彩。

Bein——推动者

痦痦：

价值共生商业模式，即新一代品牌的利益相关者多维度参与共创，共同创造价值和利润。

"连接"改变商业模式

"连接"是一个齿轮，推动社会发展。社会的每一次进步都离不开连接方式的改变、效率的提高。

以物易物的 C2C（Customer to Customer）是最早的商业模式：我用鸡蛋换你的水桶。交易双方经常生活在同一个地方，彼此触手可及。河运、陆运等更高效的连接方式出现后，手工艺者可以把产品卖给商家，商家再把商品转卖给消费者，此时 C2B（Customer to Business）和 B2C（Business to Customer）同时存在。大航海时代，港口城市是一个国家的贸易中心，通过企业与企业的合作，商业模式进一步复杂化，B2B 模式随之诞生。互联网时代，经济全球化实现后，散落在世界各地的供应链变得复杂而漫长，在 B2C 的 B 端有无数的商家，在商品抵达 C 端之前又会经过无数个供应链、工厂、分销商、商家等。

连接方式的复杂化推动商业模式的变化，所有的连接都朝着创造更高价值的方向走。我看到，这几年市面上尤其流行 C2M（Customer to Manufacturer），即由消费者直达工厂，不过它虽满足了短暂的需求，却没有创造更高的价值。连接是为了创造更多价值，"价值"才是立足之本。

亚面提出一种新商业模式——C2S2B（Consumer to Service Network to Brand）价值共生商业模式，即"消费者—品牌共创服务网络—品牌"，也可以简称为价值共生商业模式。它是从消费者端发现需求，创造价值，用品牌承载价值总和。

项目名称|不方便面馆

项目管理 | Anny ●文案策划 | 狐狸●设计师 | 阿淼 / 厌厌 /OK ●摄影 | KM

C2S2B 价值共生商业模式

 痞痞：

亚洲吃面公司就是一个用朋友圈众筹出来的公司，因为一条朋友圈信息引起众人争执，我就干脆把他们拉到一个群，后来吸引了 50 多位股东加入，公司的业务也是在群里聊出来的。👍

痞痞：

雷军通过返红包的方式给购买小米 1 的用户钱。首批米粉有 18.7 万人，雷军一共花费 3.7 亿元。这个操作让我震惊，但让我最震惊的是雷军知道将钱返给谁。数字化技术使价值共生商业模式的"价值共生"成为可能。👍

价值共生是什么？什么是价值共生商业模式？

品牌往往强调玩一场"发展游戏"，均衡发展才能走得远。而商业增长往往就是零和博弈，当增长遇到天花板时，一方收益必然意味着另一方的损失。然后呢？为了寻求收益持续增长，受损失的一方开始挤压合作伙伴、第三方、员工、消费者的利益。毫无悬念，接下来是淘汰游戏，蛋糕只有那么大，有你的份就没有他的份。蛋糕如何切分？蛋糕的归属往往由话语权最大的人决定，普通大众其实并没有参与分配环节。

蛋糕是千万人一起做大的，它代表了行业红利、产业红利。在做大蛋糕的同时我们不妨自己先做一些糖果试试。糖果固然不比蛋糕，但好在每个人都能拿到属于自己的糖果。糖果模式是聚集一群目的相同的伙伴，在探索创新路上得到的奖励，它是一种新的商业模式，我们把这种商业模式叫作 C2S2B 价值共生商业模式，也叫作糖果模型。

C2S2B 价值共生商业模式会进行消费者前置，找到消费者需求，将消费者拉入上下游利益相关者链条，以共创内容、产品、模式、玩法等，把所获利益分配给各个利益相关者。每个人都能自主决定利益分配比例，不需要被分配，也不必有漫长的等候。

怎样才能实现价值共生？

通过目的共识、资源共享、品牌共创，实现价值共生。

C
Consumer
消费者

to

S
Brand Co-Create Service Network
品牌共创服务网络

to

B
Brand
品牌方

需求输入 →

服务输出 →

时代下
消费需求

利益相关者
多维度参与共创

消费者
喜欢认可的品牌

目的共识

资源共享 ⟷ 品牌共创

价值共生

消费

交换　　生产

分配

消费者前置

消费需求前置
降低试错成本
提升创新价值

品牌共创服务网络

利益相关者多视角下的创新
让创新成果有效落地

品牌社群部落

可持续自创新、自运营

目的共识

品牌为消费者提供服务或产品。只有消费者认可品牌价值，并且愿意为之买单，品牌的市场地位才能确立。换句话来说，消费者才是品牌的缔造者。路易威登、阿玛尼、爱马仕的产品之所以能卖出远超产品价值的价格，是因为消费者愿意为它们的品牌溢价买单。如果换成蜜雪冰城和名创优品将产品卖到同样的价格呢？消费者就认为性价比不高，甚至感觉莫名其妙。

品牌溢价来源于对消费者的洞察。品牌可以通过社群连接更多消费者，靠近他们并了解他们真实的想法与深层的诉求，再从中提出新的目的。这个目的也是品牌主张，它可能是品牌与消费者经过多次碰撞后得出的，也可能是某个消费者偶然间想到的。重要的是这个品牌主张一定是大家都认可且愿意为之努力的。

当品牌主张从需求中来，为消费提供真实有效的产品或服务，满足消费者的需求时，我不敢说品牌主张百分之百能得到认可，但一定有那么一部分消费者被吸引。

建立 C2S2B 价值共生商业模式的第一步——达成目的共识。品牌与消费者达成目的共识，就能提出新的创新主张，吸引更多消费者加入，影响消费行为，提高消费效率。

资源共识

商业模式是利益相关者的交易结构，也是利益相关者资源能力的重新配置。交易之所以发生，就是因为利益相关者的资源能力互补。很多资源能力在一方手中发挥不了用处，传统商业模式就要求一方和另外一方交易，创造新的价值；而 C2S2B 价值共生商业模式能让多方共享资源能力，多方通过品牌共创服务网络多维度参与共创，创造更大的新价值。

这里我们强调，一定要重视不同利益相关者所提供的资源能力，他们处在行业不同领域最前端，对各个领域的情况再清楚不过，而他们提供的真实的信息对下一步的品牌共创有重要意义。只有打破单向交换，让更多利益相关者交换资源能力，才能创造更大价值。

品牌共创

品牌共创是对通过资源共享得到的信息、资源进行创造的过程，是信息、内容、产品等要素交互碰撞，从量变到质变的过程。品牌共创是一种新工作方式，将品牌从独创转向共创，放弃以决策人为中心的独创形式，毕竟无论一个决策者多么想站在消费者角度思考问题，都不可能成为该品牌的真正消费者。独创让品牌视角单一化，一颗苹果再怎么想变成梨，也不可能变成梨。

品牌共创的优势在于决策者能多角度、多维度参与品牌传播与建设过程，借助工具将信息结构化梳理为多个想法，结合各个角度提供的真实信息，共创消费者解决方案。解决方案可能是一款产品、一套玩法，或者是一篇内容。品牌共创不会在一开始就限制"我们要做什么"，只是会明确"我们需要解决什么问题"，让解决方案有更多可能性。

品牌共创还是一种新沟通方式，有助于品牌与消费者建立牢靠的关系，打通上下层级沟通渠道，让消费者对品牌也拥有投入感。资源共享＋品牌共创，方能形成品牌共创服务网络。

价值共生

价值共生是商业伦理的重要部分，参与品牌传播与建设的利益相关者都应该拥有"糖果"。通俗地说，糖果是大家一起做，就应该一起分的东西。

我们所说的价值共生强调的是利益相关者之间的分配、协作。实现价值共生的前置条件是"分配"——提高分配效率。在走向成功的路上大家能被分配到更多的东西，获得相应的价值回报。分配是为了维护更长期的利益，是为了实现价值共生。分配能将利益相关者联合起来，有分配才有稳定的基础。消费者是 C2S2B 价值共生商业模式的重要利益相关者，应当将他们视为价值的创造者和合作者，而不是单纯的产品或服务的使用者。在品牌分糖果、分蛋糕的时候，他们也应该能获得属于自己的收益。当然，收益不仅限于工资、奖金、期权、股份，还有技能、潜在利益点等。

品牌就是口碑，是让产品、服务、解决方案脱颖而出的一张保证单。越是跨越时代的品牌，保证单的信誉度越高，因为这些品牌爱惜自己的羽毛，知道长远利益带来的时间复利有多么可观，所以不会因为短期利益而放弃长远的品牌复利，这些品牌也因此实现了价值共生。

> 在数字化时代，我认为企业只有一个定义，那就是创造顾客价值。数字技术让企业更贴近顾客，方便企业与顾客直接连接、互动，使企业更容易理解顾客，数字技术为企业创造顾客价值提供了更大的空间和可能性。
>
> 陈春花《价值共生》

品牌共创服务网络

我在做自己的品牌时已经引入一些共创概念，即发送各式各样的问卷调查。我们会做出不同的LOGO、不同的包装，提出各式各样的市场定位问题并将之发送给大至2000人。然而这样无疑是需要高成本的，主要针对品牌方。因为要占用别人的时间，所以品牌方要思考如何补偿别人。

阿汤——决策者

创想者：

为什么大家一起开会才叫共创呢？共创的方式局限了共创的形式，开会只是一种形式。

痞痞：

品牌不是品牌中心的事情，是整个组织的事情。品牌中心未来的主要工作就是搭建品牌共创服务网络。

品牌最大的敌人是对消费者的"傲慢"和"偏见"。

品牌乐于追逐市场风口，做品牌的人或许想着："既然大家都在做这个，那一定是存在需求"，似乎品牌只要跟着做就是了。风口背后是消费者的需求空缺，这个空缺被某群人发现，就形成了市场。我们说的蓝海、风口，就是在市场竞争最激烈的时候出现的。所以追风口是最费时间、最费钱的事。

回到"本源"，消费者是品牌服务对象的缔造者。既然品牌要给消费者提供好的产品和服务，要找到他们的需求痛点，那么为什么不去问问他们，想要什么呢，或者希望有什么？

品牌共创服务网络是品牌拉上消费者、上下游利益相关者，从多视角、多维度共创的。亚面所提倡的品牌共创服务网络，更多的是强调直接连接消费者且将消费者需求前置于品牌建设。品牌通过创造多种多样的与消费者直接对话的场景，了解消费者的真实需求，在品牌共创服务网络中与多个利益相关者去共同理解消费者的需求，交换彼此的信息。引导者通过专业工具，筛选信息，总结有效信息，系统性形成多种组合方式，最终生产出具

有经济价值的新机会点解决方案。整个过程中强调消费者前置、信息交换、共创生产，最终实现价值共生。这些都需要首先进行多重信息交换、资源交换。共创的项目团队里有不同角色、不同身份、不同专业视角的利益相关者，他们中既有品牌中心内部属于不同部门的角色，也有一线执行人员，还有上游的供应商、下游的消费者、合作伙伴广告投放方、小程序团队等。

只有参与者多样，品牌共创才能产生信息聚集效应：针对同一个问题，人们从各自角度出发，交换出大量新的信息，多维度理解一件事情。

然后是"生产"，交换过程会产生大量信息，我们需用专业工具和专业引导者，筛选信息，总结有效信息。共创团队里的成员们将这些信息进行多种系统性的组合，形成新的设想方案，以突破现阶段出现的问题和瓶颈，并产生新的价值点，将价值点输出为服务。这个过程，被我们称为品牌共创服务网络。

＜品牌共创服务网络的价值＞

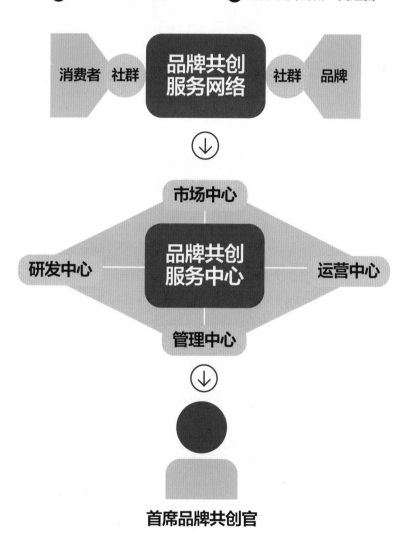

❶ 降低创新试错成本　　❷ 提升沟通效率

❸ 提升品牌溢价权力　　❹ 可持续自创新、自运营

消费者　社群　**品牌共创服务网络**　社群　品牌

↓

市场中心

研发中心　**品牌共创服务中心**　运营中心

管理中心

↓

首席品牌共创官

亚面实践：一场无限游戏已经开始

Brand Co-Create

05

亚面的愿景、使命、价值观

愿景：为城市更新创建 1000 个大众消费品牌

城市更新让我们的生活更美好。

我们保护、活化、重建城市吃喝玩乐角落，建立一套对年轻人、对大众友好的消费指南。我们不追随潮流，因为我们就是潮流，我们凝聚成一股亚宇宙潮流，建立"新占场"，建设各种有趣的新消费场景，举办各式各样的品牌活动，占领更多城市空间。

我们要打破无聊对城市的控制，打破城市同质化趋势。

使命：连接年轻人的创意与生意

年轻无极限，年轻人拥有无限的创意与活力。

城市生活成本居高不下，岗位竞争十分激烈，工作内容枯燥无味，我们被无声地固定在一个个小隔间里。而年轻人尚未被社会规则束缚，他们敢于发声，放肆热爱生活，爱好尝试新鲜事物，追求美好世界，他们正当年。

亚面聚集着一群最富创造力的年轻人，将年轻人各种天马行空的幻想、稀奇古怪的创意，通过方法论落地转化成城市更新策略，从而打破千篇一律、无趣乏味的城市生活。

价值观：以消费者为中心，共创B面，连接大于拥有；建立规则，跨界创新，创意必须落地；深度学习，保持专业，全力以赴突破

亚面的价值观展示了"我们要搭建什么样的亚宇宙，创立什么样的公司，培育什么样的人"的重大问题。

搭建什么样的亚宇宙： 以消费者为中心，共创B面，连接大于拥有。

在亚宇宙里，我们从以消费者需求为中心出发，坚持目的共识、资源共识、品牌共创、价值共生的理念，不以拥有为目的，连接有趣的陌生人，创造新一轮的亚文化风暴。

创立什么样的公司： 建立规则，跨界创新，创意必须落地。

在亚面公司里，规则是建立组织信任的第一步。各领域牛人在亚面的规则下，不断涌现，他们跨界创新，持续迭代，为大众创造更多的吃喝玩乐品牌。

培育什么样的人： 深度学习，保持专业，全力以赴突破。

每一个亚面人都在各自的专业领域坚持深度学习，创新性地应用自己的专业技能，敢于面对每一个挑战，全力以赴解决问题。

知识卡：你分得清愿景、使命、价值观吗？

	愿景	使命	价值观
概述	长远目标（十年内）长期目标和愿望	宏远任务 组织的宗旨和目标	核心 原则和道德标准
定义	企业或组织希望达到的长远目标，未来的愿景和展望	用于指导企业或组织的战略制定、是组织行动的背后驱动力	指导企业或组织行为、决策文化的某本原则和道德标准
目的	提供方向，指导未来的战略规划	指导当下的行动和决策，吸引认可、志向相同的人加入	影响现在和未来的行为、决策和组织文化
内容描述	组织的长期目标、愿望和影响力，或希望成为什么样的人	组织做什么、为谁服务，或组织如何为利益相关者提供价值	定义组织所代表的核心信念原则和道德标准
回答	"我们想去哪里"	"我们做什么"	"什么对我们很重要"
例子	"一键访问全球信息" ——谷歌	"创造赋予人们力量并丰富他们生活的技术"——苹果	诚信正直、领导才能、主人翁精神、积极求胜、信任。——宝洁

亚面实践时间轴

2015

痞痞发起众筹，30位创意人、餐饮人、投资人创建了亚洲吃面公司

获得由《快公司》评选的中国最佳创新公司50强企业的称号

2016

获得由《快公司》评选的中国最佳创新公司50强企业的称号

2017

孵化品牌"不方便面馆"，上线直营连锁店正式运营

2018

举办亚洲吃面公司千人活动"第1次吃喝玩乐设计大会"

参加中国创新创业大赛并获得"优胜奖"

广州有轨电车X亚洲吃面公司活动

"品类年轻化"

亚面风格
视觉炸裂
吸引外界眼球

"品牌年轻化"

个性化表达完善
沟通
连接
系统性设计

2019

举办亚洲吃面公司千人活动"第二次吃喝玩乐设计大会"

2020

品牌共创工作坊首次开课，至今已在全国开展超20期线下工作坊课程，与广州美术学院达成"品牌战略咨询整合、设计研发、人才培训基地"合作

2021

倡导新一代品牌传播与建设的新工作方式，并在亚面的经营中，将理论与实践结合，不断完善和推广品牌共创

2022

发起未来食物设计项目（Future FOOD Design），和年轻人一起做食物创新，打造年轻人的食物设计社区

2023

2023年是实践与理论碰撞的一年，一边在实践中不断迭代方法论，更新知识体系；一边埋头苦干，服务多个餐饮细分赛道的客户

品牌共创工坊、未来食物

实践与理论碰撞

第一、二、三次吃喝玩乐大会

"组织年轻化"

服务设计意图
激活组织
新一代品牌咨询公司

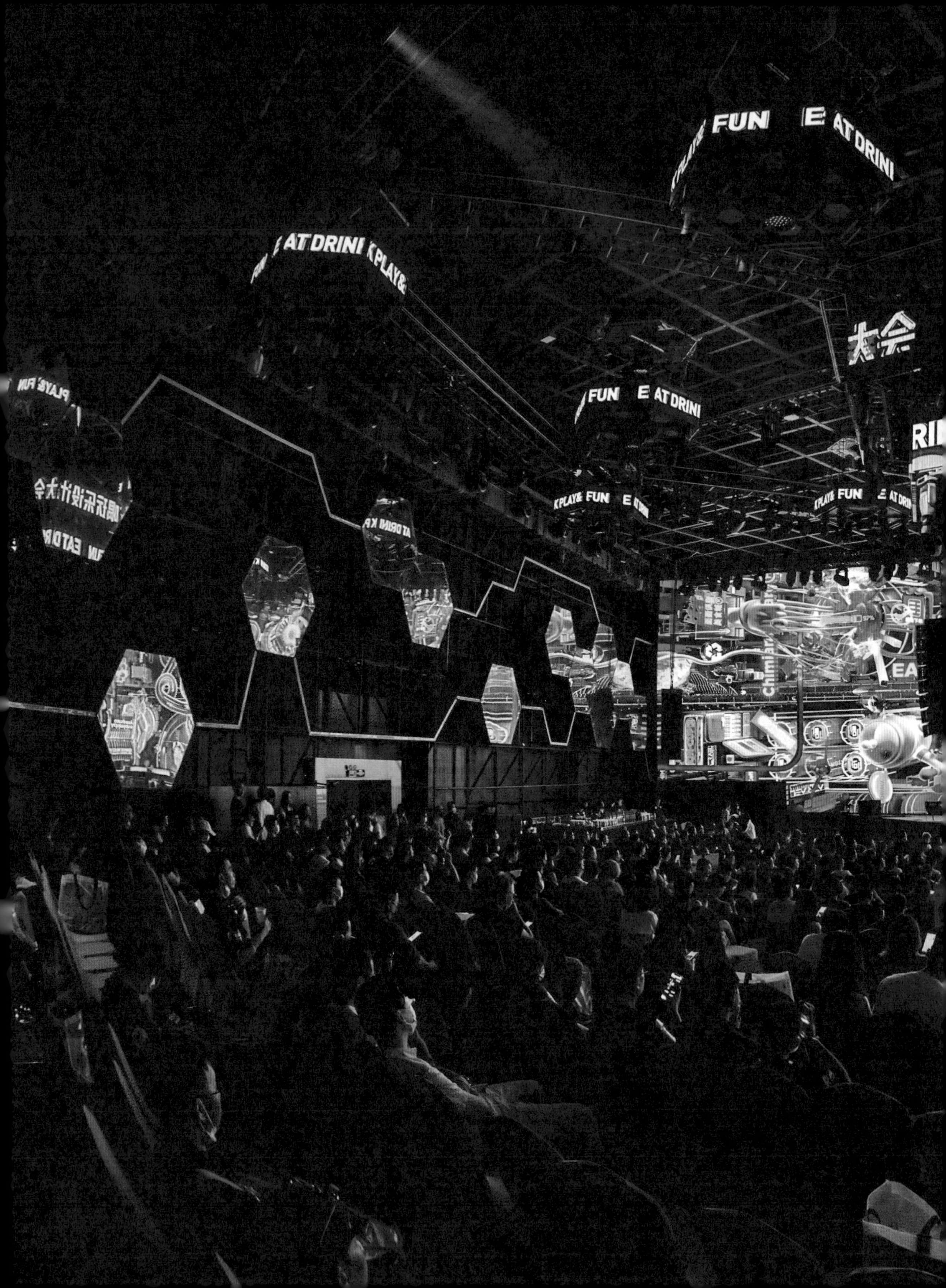
FUN E AT DRINI
K PLAY&

专注于私房美食的餐厅，真正的用匠心精神在做美食

创立于1986年，它沿承了拉丁文"LAXUS"的优雅、华丽的意思，象征教皇的授带

"高性价比"的排骨米饭套餐，采用"紧跟热点、IP形象、潮流跨界"的营销传播

几个当年的年轻人、餐饮行业的小白立志做中国社区小面第一品牌，开启了五味人生

以豆子为原材料探索多种延伸的可能，健康美味现制豆食豆饮的品牌

以手打柠檬茶进入新茶饮领域茶饮行业新锐品牌

一个年轻人所喜爱的现炒现制休闲零食民族品牌

酸菜比鱼好吃，以符合年轻人趣味的方式表达"二"的态度

以新颖、时尚、好玩、高质的方式打破对大头贴的固有认知

"创造我的生活记忆"，以新颖、时尚、好玩、高质的方式打破对大头贴的固有认知

探鱼烤鱼
主打新消费体验的烤鱼品类头部品牌

将"元气感"的文化与回转寿司品类进行关联，原来寿司还能这么玩

勾魂卤味饭+威士忌生活先行者，把优质卤味落地成标准化产品，开启全新与顾客的互动模式

用匠心的产品和理念打造、深耕火锅颠覆食客对串串行业的固有认知

以功夫主题为市场切入点，并以特色铁锅牛蛙作为主打产品

巧二娘®
choc's family

首创"现煲鲜汤鱼粉",独家秘
制的汤料加上芒鱼熬制的汤水,
鲜美而不腻

胖哥俩®

品牌背后是哥俩初心不改的传承精神
和坚持与时代接轨的创新气魄

熊猫烫火锅®
PANDA POT

创意产品、精致空间结合的轻社交小聚模式,
主打年轻人精致休闲小聚火锅品牌

ZENS T
TEA & LOUNGE

用"茶+空间"创造新时代的城市放松空间
为繁忙的城市提供一处可驻足的栖息角落

福客®

4小时鲜骨熬汤、挑选近百
种新鲜好食材,致力于让更
多的人爱上麻辣烫

用设计玩转拉面文化,打破众
人对传统日式拉面的认知

超级一龙拉面
ICHIRYU

甜啦啦

专注做鲜果茶九年,承诺只用
新鲜水果,拒绝坏水果

La césar
乐凯撒披萨

榴梿比萨创造者
在世界的更多地方给顾客生活带来乐趣

不方便面馆®

制作的不仅是方便面,更是一份幸福的用餐体验,经营的
不仅是面馆,更是一个能承载更多内容的文化空间,提倡
的不仅是健康的饮食方式,更是"方便不随便"的生活态度

新中式国风茶,中茶新做,
每一口都是原茶

**BEN GONG'S
TEA**
本宫的茶®

觅见小面

每次遇见,都是有温度的
一面

霸蛮
湖南米粉

利用23味独门秘方匠心配比,
打造"霸蛮辣"的独特味觉

烤匠
"KAO MASTER"

用新时代匠心做鱼,
用麻辣的态度让年轻人上瘾

是一个以珠江-英博国际啤酒博物馆为
依托,打造臻具现代格调的啤酒文化的
艺术平台及高端餐饮休闲娱乐地带

鲜卤的轻餐品牌,
贯彻"老味道,新创造"的主张

水雲间
SHUI YUN SPACE

秉承长沙娱乐之都
的躁动血脉

盛香亭®
SHINING TASTE

如水般柔美清澈,行云般舒展自由基
于都市生活设计,追求灵动自由的优
雅生活美学

长沙明星夜食秀 容客出品
SUPER NIGHT SHOW

珠江琶醍
PARTY PIER

Time 404:40

Brand Co-Create Memorabilia

品牌共创
大事记

 传建系统线上直播

 传建系统线下工作坊

 招募共创官

 访谈太兴品牌部

 项目变更，重组项目小组，书的内容体量远超过预估，我们做项目变更，精简成员，做长期筹备

 与出版社洽谈

2022.03

📍 立项
亚面需要一本书

 亚面需要一本对内宣贯，对外吸引客户的书，整合公司方法论
做新一代品牌创新咨询公司

📍 探索阶段
拉入多个角色
探索新工作方式

 2022年4—8月
看看其他公司的方法论

 从零到一，
内容由少到多

 拉入广州美术学院的
学生共创新工作角色

 黄蔚老师来访

📍 规划阶段
输入新知识
重建书的框架

 2022年8月
样书1.0:一本可阅读、可撕开的活页书

 样书2.0:全手工粘胶的书，《品牌共创》是一本游戏书

 样书3.0:第一本全彩打印书
凝练亚面的核心价值观

 样书4.0:确认了以
四色便利贴为封面

 加入四段螺旋的工具
介绍

 2022年12月
样书5.0:书肉眼可见变厚了，加入大量亚面工具

2023.01—03

 What章节添加流程
与案例

 与品牌共创官共创书
的玩法形式

 设计师加入，
启动版式、插画设计

2023.04—2024.02

 二审回稿，出版社老师
就书提出出版规范

 按捺不住躁动的心，
痒痒手动画手稿

NOW

原型阶段
**双封面设计
深化关键页面**

审核阶段
**出版社审核
给书打补丁**

出版
**第一本书
《品牌共创：新一
代品牌传播与建设
新工作方式》**

 2023年1月
1月9日招募品牌共创官
分批解锁阅读

 2023年2月
样书6.0：变为16开，
双封面设计

 2023年3月
样书7.0：确定书为线装
彩印，丰富内容，
深化插图

 邀请丁熊老师，
完善新角色、新场景设想，
增加四大工作坊

 2023年4月
第一次与出版社审核沟通
样书8.0：将书的页码增加到
438页，出版书的雏形

 2023年6月
第二次与出版社审核沟通
编辑老师给予修改建议

 2023年8月
文稿部分内容送审
进入三审三校阶段

 2023年10月
第二章工具内容送审，至此
全书都进入出版审核阶段

幕后工作者

Behind-the-scenes Worker

主编组

痞痞
叶turtle
狐狸
锦仪

编辑团队

阿柳　　吱吱
阿绿　　圈圈
sol sol

设计师组

阿淼　　阿瓜
玫玫　　毛毛
爱丽　　火山
叶子　　海强
海洋　　粥粥

品牌共创官

赵吉林 · 王增宽 · 韦佳 · 越 · 王阅羽 · 老谭 · 孙辉 · 汤郷
李一丝 · 郭自强 · 周炜 · 乔小巴 · 黄ac · JayFang · 马德宏 · 梁伟杰
周志杰 · 朱剑锋 · 喜月 · 江剑伟 · 得体先生 · 刘培养
Lu.o · 陈翼楷 · 季建明 · 李达 · 顾潇 · 李敏瑜 · 刘培养
徐丙旭 · 王佩 · 马三枪营销人 · 敲敲 · 李泳姗 · 郑达伟
陈泽林双双 · 石老师餐饮树 · A-Lin · 孟范龙 · 健睿
徐维辰华 · 柠檬在冥想 · 李智刚

董玉杰 · 黎广彬 · 王文杰 · 田倩文 · Kelly Chan · 津津津
徐玮蔓 · 罗碧莹 · 胡衔 · Bein 黄彬 · 边凯征Melo · Eva 何艳红
keltonBin · 汤小华 · 佟瑞敏 · IN_OUT世界 · 黄莹 · 张天颢 · 王振兴
知路 · 源创社 · 郭鹏 · 品创-字叔 · Jack · 高华 · 张雯 · 朱铭
minty · 东图 · 黄晓钦 · 刘泽荣 · Seven · 应可 · 魏倩 · 子轩
大漠 · came · 毛傻 · 邓翔 · 大黑兔子 · 小黑 · 阿祖不收手 · mg

特别鸣谢

· Suin · 丁熊 · Celine · 肉松 · 阿薯 · 阿yo · 黄嘉潜
刘诗琪 · 二西 · 苏洁 · 邓雨莎 · Rosie · Kalam L.
zoe · 大海 · 周国超 · 鸡心 · Qi · Keno昊子
Forest · KM · mandy · 阿杰 · 晓宏 · 阿鬼
子健 · Soler · JC

Joy · 大茄学家 · 袜子 · 林司 · 周周 · June
蒜蓉酱 · eia · David · Money · 小鱼
跑跑卓锐 · Bella · 大明 · 黑荣莉 · 琪 · 贾小亮
晓容 · 董小姐 · Mary · 双夕 · 阿健
Nick · Jason

Brand Co-Create Worker

Form March 2022 to September 2023, the process of a book,
from project initiation to publication, has been a long journey,
and we are grateful for the silent dedication of the behind-the-scenes workers.
The editorial team and editing group invested a
significant amount of time in logical connections and content editing,
going through numerous adjustments,
gradually building the book's muscles and structure.
The design team enriched the book's page layout and illustration design;
they were like magical makeup artists,
elevating the book's readability and visual appeal.
The candid feedback and suggestions from the brand co-creators provided the
early readers' perspective,
inspiring the editorial group with valuable insights.
Special thanks to all those who provided assistance to the book throughout this
one-and-a-half-year period.

2022年3月—2023年9月，
书从立项到出版经历了漫长的过程，感谢幕后工作者们的默默付出。
主编组，编辑团队在逻辑串联和内容编辑上付出大量的时间，
经历一次又一次的磨合，慢慢搭建出书的肌肉骨骼。
设计师组丰富书的页面版式和插画设计，
设计师们像有魔力的化妆师，拉高了书的阅读性、观赏性。
品牌共创官的吐槽和建议，
给书增加了早期阅读者的视角，主编组在其中获得不少灵感。
特别感谢在一年半时间里给书提供帮助的人。

AFTERWORD
后记

经历一年零九个月，我将这本书送到你们面前，感谢每一位读到此处的读者。

经历一年零九个月，我将这本书送到你们面前，感谢每一位读到此处的读者。本来没打算写后记，思考再三，我最终在三审前一周动笔写下了这篇文章，写一些我想说的话和这本书背后的故事。

这是一本不被看好的书。从我提出亚面转型新一代品牌咨询公司，需要一本指导品牌创新和落地的书时，这本书就在无数的反对声浪中筹备立项会，组建项目团队。之后，趁着项目成立之初的那股冲劲，我们做了一些开创性的尝试和创想，然而没有什么进度，四五个月的时间里我们甚至没有形成书面稿。迟迟看不到产出不仅加剧了内部的矛盾和冲突，也让我们的想法分道扬镳。在一次会议上我大声说："即使公司倒闭了，即使今天亚面就没了，我也要写完这本书！"这是我的坚持。

内部认知可以重新达成共识，但外界环境剧烈变化打得我猝不及防，错估风险让亚面遭遇了重大经济危机。疫情期间客户保守观望，大家的第一要求是活着，其次才是发展。而我低估了疫情对公司的影响，继续挥霍着所剩无几的积蓄，还退了亚面孵化项目的投资款。亚面最长时间有九个月没接到新单子。接不到新单子，项目回款困难，公司现金流缺口，发不出工资，员工离职……恶性循环，它们就像座大山牢牢压在我身上。让我印象最深刻的是创业以来我面对的第一个劳动纠纷。那个时候我突然明白，不是每个人都像我打了鸡血一样，别人也需要柴米油盐过日子，交房租。

"要不然就放弃吧"，无数念头无数次徘徊在我的脑子里，但这本书立项时，我就想清楚这本书不是服务亚面的，而是亚面服务这本书，所以我不想就这样放弃，书要继续做，公司也要经营。穷则变，变则通，通则久。自我变革是痛苦的，方向没有问题，那就改变节奏和步骤。疫情三年，我已经记不清有多少次因为压力、焦虑而觉得自己快扛不下去了。庆幸的是，我不是孤单一人，感谢锦仪（陈锦仪）、阿叶（李叶琳）、玫玫（袁玫）、爱丽（陈楚茵）、阿瓜（曾舒华）这些项目小伙伴在最后书的交稿阶段全力冲刺；感谢我的妻子KM（陈佳曼）支持我的事业，包容我的坏脾气；感谢合伙人香香（项淑莹）和火山（林灿钊）的信任，包括离开公司但没有离开亚面的设计搭档

Johnny，有他才有"亚面风"。

还有那些离开了亚面，但依然为亚面操心劳力的老面孔们，原亚面人事负责人 Lola、项目管理中心主理人 Mandy，特别感谢经常出现在亚面项目小组里的亚面老面孔们，房子、彦彦、Money、gaga，以及参与本书的设计师阿淼。感谢创业路上一路同行的搭档梁耀、淡哥、梁少聪，还有老大哥们的鼎力相助，九毛九管总、粒上皇潘总、雪蕾集团翁总、真唐集团唐总、九味一品表叔（陈永林）。感谢战略经理嫂子（李嘉琳）加入亚面后同财务经理炫哥（何炫）梳理清了公司的经营方向。最后感谢我不服输的个性，我不相信就这样输了，我相信品牌传播、品牌建设、品牌营销的需求一直存在，有需求就有市场。

这里最需要感谢的是雪中飞、木屋烧烤、炉小哥，虽然有些项目因为种种原因没能完美落地，但在项目过程中积累的大量经验，为本书提供了内容。

黑暗终将散去，黎明总会来临，在疫情的尾巴，亚面接到一张新的单子。

我一直坚信当下就是中国本土企业的时代，这个时代造就中国品牌，涌现各种各样属于中国的品牌公司或者设计公司，就像当年日本设计师涌现的辉煌时代，我们可以造就一批带着中国印记的品牌，走向全国，走向世界。这个念头不知道什么时候开始出现在我脑子里，等我不知觉表达出来时，才发现它已经成了我的信念。

正是这种信念让我下定决心一定要写完这本书。本书将亚面多年创建品牌经验中所执有的理念、工具汇总，为品牌传播、品牌建设、品牌营销提供参考，也为中国本土对品牌传播与建设的应用实践提供借鉴。最后，感谢出版老师对我们一次次延期的包容，感谢每一个编辑、设计、共创、参与讨论的小伙伴。

Brand Co-Create
品牌共创

全公司人手一本
的品牌书

Brand Co-Create
品牌共创